AF377241

CE QUE VEUT
LA FRANCE

« Un Gouvernement stable. »

PRIX : 10 CENTIMES

PARIS

GUILLAUMIN ET Cie, RUE RICHELIEU, 14

ET CHEZ D. JOUAUST

IMPRIMEUR DE LA SOCIÉTÉ DES CRÈCHES

Rue Saint-Honoré, 338

1874

La France veut, aujourd'hui, ce qu'elle a toujours voulu, ce que veut toute nation : « ÊTRE BIEN GOUVERNÉE, *afin de prospérer...* »

L'Assemblée nationale PEUT ET DOIT *lui procurer, enfin, un gouvernement approprié aux besoins actuels et futurs, un gouvernement honnête, impartial, humanitaire; un gouvernement libéral et progressif,* UN GOUVERNEMENT STABLE, *en un mot.*

— Que faut-il pour cela? — Qu'elle finisse d'accomplir sa mission, et que tous les bons Français intelligents continuent à la soutenir jusqu'au bout.

CE QUE VEUT LA FRANCE

« Un GOUVERNEMENT STABLE... »

I

La nation française est composée de races vigoureuses, intelligentes, actives et vaillantes ; elle occupe de riches et vastes territoires, bien situés, et dont le climat est généralement favorable ; elle possède l'Évangile civilisateur ! Elle possède l'unité nationale ! Elle a de glorieuses traditions ! Que lui manque-t-il pour être heureuse ? — Un bon gouvernement, un *gouvernement stable.* (V. page 4.)

Depuis quatre-vingts ans elle cherche ce gouvernement : elle fait ou subit des révolutions, et ces révolutions, au lieu de la rapprocher du but, l'en éloignent, parce qu'elles lui attirent des guerres, des invasions et d'autres fléaux. Cependant, malgré tout, sa richesse et la durée moyenne de la vie des habitants, ont fait des progrès incontestables.

Mais l'ensemble des populations françaises est loin d'avoir son accroissement normal, et tend même à s'affaiblir : Jamais il n'y eut tant d'estropiés, de rachitiques, d'idiots, de mauvais sujets ; tant de vices, de crimes, de suicides.... parce qu'on s'est occupé seulement du bien matériel, et qu'on a presque toujours négligé plus ou moins le bien moral, qui doit le compléter, le vivifier, et l'accroître.

La démoralisation a progressé de génération en génération : les mariages sont devenus rares et peu féconds ; le nombre des naissances illégitimes, des mort-nés, des abandons et des infanticides va croissant, ainsi que la mortalité des nouveau-nés. La statistique est navrante !

Oui, la population a été négligée par tous nos gouvernements, la population, qui est « l'élément capital de la force, de la grandeur, et même de la *sécurité* nationales!... » Qu'on lui donne tous les soins physiques et moraux nécessaires, elle croîtra naturellement, et deviendra plus vigoureuse, plus intelligente, plus adroite, plus laborieuse, plus prévoyante, meilleure, beaucoup plus heureuse, et plus *facile à gouverner*.... Les problèmes sociaux, et même les problèmes internationaux de notre époque tourmentée, pourront alors être enfin résolus à la satisfaction des travailleurs manuels, des propriétaires, des entrepreneurs ; et la France, guérie de la fièvre des révolutions, jouira paisiblement de tous ses avantages.

II

Nos gouvernements successifs ont tous négligé, plus ou moins, trois choses essentielles au bonheur individuel, au bonheur de famille, au bonheur social, au bonheur du genre humain :

1° Le *sentiment religieux*, principe et sanction de la morale ;

2° L'*éducation*, moule des bons fils et filles, des bons époux, des bons pères et mères, des bons citoyens, des bons soldats, des bons marins ; l'*éducation*, moule des bons maîtres et des bons serviteurs, des bons patrons et des bons ouvriers ; moule des bons fonctionnaires, des bons magistrats, des bons prêtres, des bons législateurs... ;

3° Les *mœurs*, les *bonnes mœurs*, sans lesquelles aucun peuple ne peut jouir longtemps de bonnes lois bien exécutées, ne peut être bien gouverné !

Cette négligence remonte principalement au siècle des Valois. Elle affaiblit, de génération en génération, le sens moral et le respect, d'abord dans la famille royale, dans le haut sacerdoce,

dans la haute noblesse, dans la haute finance, dans la haute
administration ; puis, à la longue, dans la roture ; puis enfin,
dans la plèbe, où le respect est aussi nécessaire, pour le moins,
que le travail même....

On voyait encore, de temps en temps, quelques saints, quelques saintes, des héros, des héroïnes, des martyrs ; on voyait
parfois de bons législateurs, d'excellents administrateurs, d'excellents magistrats : la race est naturellement si bonne ! Mais
l'ignorance morale, la routine, la cupidité, l'ambition, l'amour
des plaisirs sensuels, continuaient à miner, sous l'influence des
mauvais exemples et des mauvaises doctrines, le sens moral et
le respect, dans l'ensemble de la population. Les mauvais
exemples d'en haut ont fait plus de mal que tous les autres fléaux
ensemble, parce que leur action est *continue*.... La vraie force
des gouvernants, leur force morale, est dans le respect des
gouvernés !...

Louis XVI, Lamoignon et Turgot voulurent opérer les réformes nécessaires pour régénérer et fortifier la population française ; mais le génie du mal fut plus fort que ces vertueux réfor-
mateurs : il fit la grande révolution qui a causé tant et de si
grands maux à la France, à l'Europe, au monde entier !

Les désastres de 1870 et 1871 proviennent de là ; et, si la
France ne peut encore, cette fois, constituer un *gouvernement
stable*, elle risque de perdre sa nationalité même.... *Caveant
consules!*

III

L'Assemblée nationale est en position de sauver la patrie, de
la remettre en voie de prospérité, d'arrêter enfin le cours des
révolutions ; elle le fera, si elle accomplit son mandat jusqu'au
bout. Elle a négocié la paix, elle a vaincu l'anarchie armée,
elle a libéré le territoire ; elle s'occupe des finances, de la force
publique, de l'administration, de la justice, des lois constitu-
tionnelles, et d'un grand nombre de réformes indispensables.

Mais, *si elle tarde à fortifier l'ordre moral*, une révolution nouvelle, pire que celle du 4 septembre, pourrait *enlever au pays tout le bénéfice du bien qui a été fait :*

> *Quid vanæ proficiunt*
> *Leges, sine moribus !...*

Oui, messieurs les députés, le sort de la France est en vos mains. Si vous parvenez à dompter l'immoralité, à fortifier suffisamment le respect, la France, n'ayant plus rien à craindre au dedans ni au dehors, pourra jouir en paix de tous ses éléments de bonheur; mais si vous n'y parvenez pas, vous serez responsables devant Dieu, devant la patrie, devant le genre humain, des maux qui surgiront.

Quand les mœurs seront épurées ou en bonne voie d'épuration, la France pourra se donner enfin un góuvernement approprié à ses besoins, à son caractère, à ses goûts ; un gouvernement capable de protéger efficacement l'indépendance nationale, de protéger efficacement les personnes, les familles, les travaux, les épargnes, les intérêts, les droits, les espérances légitimes de tous les Français : un *gouvernement libéral et progressif*, un gouvernement *stable* en un mot.

Voilà *ce qu'il faut à la France.*

I V

Le plus grand obstacle à vaincre aujourd'hui, c'est l'esprit de parti.

L'esprit de parti est un égoïsme de la pire espèce : il aveugle certains hommes à tel point qu'ils sacrifieraient à leur idole non-seulement la patrie, mais encore l'honneur !... Et, parmi ces aveugles, il y a d'honnêtes gens, qui, pour triompher, s'associent même aux plus mauvais : la patrie n'est rien pour eux, si leur parti ne la gouverne pas...

L'Assemblée nationale, malheureusement, est, comme la France qu'elle représente, divisée en partis hostiles entre eux :

la création de ces partis est un des plus funestes méfaits de nos révolutions.

Mais la grande majorité des représentants, — comme la grande majorité des représentés, — mettent la patrie avant tout, au-dessus de tout.

La France ne relève que de Dieu : c'est blasphémer que de prétendre lui imposer un autre maître *quelconque*.

Tous les aspirants ont été exclus par des lois, par des lois non abrogées : la France peut donc confier à qui bon lui semblera le soin de la gouverner. C'est son droit, et ce droit est imprescriptible, comme la morale dont il dérive.

Quand l'Assemblée nationale aura constaté les besoins réels du pays, ses ressources, et les meilleurs moyens d'appliquer les ressources aux besoins, la France, éclairée par ses travaux, adoptera les propositions de ses représentants avec reconnaissance, avec enthousiasme : elle a tant besoin de repos !

En attendant, le brave soldat que l'Assemblée a investi pour sept ans du pouvoir exécutif, le Président de la République, pourvoira loyalement, résolûment, comme il le fait, au maintien de l'ordre, à la sécurité intérieure et extérieure, ne laissant aucun parti agir impunément contre les lois ni contre les autorités légales.

V

Mais comment arrêter la marche de l'immoralité ? Comment diriger le mouvement social vers la moralisation ?

Le sens moral et le respect ont faibli, parce que le sentiment religieux et l'éducation, dont il est l'âme, ont été négligés.

Que la législature actuelle et les suivantes réparent le mieux et le plus tôt possible une faute si grave, et les mœurs s'amélioreront : il faudra moins de temps qu'on ne pense.

L'instinct d'adoration est, en germe, dans tout cœur humain, à côté de l'instinct de conservation et de l'instinct d'affection ; mais il faut toujours que l'éducation intervienne pour faire éclore ces trois instincts naturels, pour les diriger, les éclairer et les développer.

Tout le secret des mœurs est là : dans l'éducation.

L'instinct d'adoration existait dans le cœur de Marat naissant, de Cartouche et de Lacenaire, comme dans le cœur de saint Louis naissant, de saint Vincent de Paul et de Jeanne d'Arc; mais Cartouche, Marat, Lacenaire et les autres monstres que la France a produits, n'avaient pas été soignés, élevés, par de saintes femmes : *Mater educatrix!...*

Hâtez-vous de faire, au moyen de bonnes lois et de bonnes institutions, que désormais tous enfants de la France aient bonne éducation physique, intellectuelle et morale, depuis leur naissance jusqu'à leur nubilité au moins : les mœurs s'épureront, et le respect viendra.

La France, notre seconde mère, notre seconde providence, aime tous ses enfants, et voudrait les conserver tous, les voir tous heureux: leur félicité n'est-elle pas la sienne? « Elle n'aura jamais trop d'enfants s'ils sont bien élevés. »

Celui dont le corps, l'esprit et le cœur ont été soignés dès la naissance, est mieux portant que s'il eût été négligé; il a plus d'intelligence et d'adresse; il est meilleur fils; il sera meilleur époux, meilleur père, meilleur citoyen. Il est plus heureux, parce qu'il accomplit mieux tous ses devoirs: envers Dieu, envers ses père et mère, envers ses semblables, envers soi-même.

« *Justitiam cole*, disait Cicéron, et PIETATEM, QUÆ TUM SIT MAGNA IN PARENTIBUS, TUM IN PATRIA MAXIMA EST. »

Que nos libres penseurs méditent la belle sentence du philosophe païen, ils comprendront ce que vaut la *morale indépendante*, la morale *sans frein ni guide...*

Le jeune écervelé qui, dans son père, dans sa mère, voit seulement des molécules animées, peut-il avoir autant d'amour, de respect, de soumission, de dévouement, que s'il voyait en eux ce qu'ils sont réellement, ce qu'ils devraient être : les représentants de Dieu sur la terre pour tous leurs enfants! Une seconde providence!

Non, non : il est malheureux, et doit l'être. Il est un tourment pour sa famille, au lieu d'être une joie, un appui ou une consolation. Il est dangereux, pour ses semblables et pour le pays.

La morale, grande charte de l'humanité, est la loi du devoir et du bonheur.

Le respect dérive naturellement de la piété filiale : un bon fils, une bonne fille, respectent les personnes et les choses que leurs parents ou ceux qui les remplacent ont recommandées à leur vénération.

Or la piété filiale dérive naturellement, comme l'indique son nom, de la piété, c'est-à-dire de l'amour de Dieu et de la crainte de l'offenser.

Vit-on jamais heureuse une famille qui avait mal élevé ses enfants? Jamais, jamais ! La famille n'existe que pour mettre au monde et bien élever des enfants. Si elle manque à sa mission, à son devoir, elle est punie de sa faute, en eux ou par eux.

La morale dit à toute famille, à tout peuple, comme à tout individu : « Si tu fais bien, tu seras récompensé; si tu fais mal, tu seras puni. »

VI

Une des réformes les plus urgentes à faire, c'est de fortifier, de répandre et surtout d'éclairer le sentiment religieux, en respectant la liberté des cultes et des consciences; et de diminuer autant qu'on pourra le fanatisme, l'hypocrisie et la superstition, qui le dénaturent.

Les doctrines matérialistes du XVIIIe siècle ont fait plus de mal que tous les autres fléaux de l'humanité; il faut qu'elles cessent de corrompre nos mœurs, nos lois et nos institutions.

Quand l'ignorance morale diminuera, l'ignorance politique diminuera, car la vraie politique n'est que la morale appliquée aux intérêts sociaux et internationaux du pays.

VII

Mais comment guérir les hommes, les femmes, les vieillards,

imbus de ces funestes doctrines? « Le vase est imbibé, l'étoffe a pris son pli... »

Il y aura toujours des méchants, comme « il y aura toujours des pauvres »; mais il y aura moins d'erreurs, quand il y aura moins d'ignorance : « *Deus veritas!* »

Faites que la vérité morale éclaire, autant que possible, tous les territoires français, et le bien y triomphera du mal.

VIII

Puisque le suffrage universel est le « patron du navire qui porte la France et sa fortune », hâtez-vous de le bien régler, et surtout de l'éclairer; il deviendra ce qu'il devrait être : une garantie de l'ordre, de la sécurité, de la vraie liberté, du progrès et de la prospérité.

Faites, messieurs les députés, que les établissements auxiliaires des familles pour l'éducation, — à tous les degrés, — se multiplient, se perfectionnent : sociétés de charité maternelle, orphelinats, sociétés protectrices de l'enfance, nourriceries, crèches, salles d'asile, écoles primaires, classes d'adultes, colonies agricoles, patronages, ou écoles d'apprentis, etc., etc.; ne laissez aucune école enseigner le scepticisme corrupteur.

Il est de l'essence des établissements auxiliaires des familles, quels qu'ils soient, de faire pour l'éducation ce que ferait une famille excellente pourvue de l'instruction et des ressources nécessaires pour former de bons sujets.

Un établissement qui manque à ce devoir sacré doit être interdit, et son chef, puni sévèrement, pour avoir corrompu l'enfance ou la jeunesse; et la famille a contre lui une action civile en réparation du dommage causé.

Il faut combiner l'action de tous ces auxiliaires des familles avec celle de l'assistance publique et de la charité privée, avec l'action des cultes reconnus, avec l'action de l'université, des écoles normales, des académies, des écoles d'agriculture, d'arts et métiers, des beaux-arts, de droit, de médecine, de pharmacie;

avec l'action des sociétés savantes, des sociétés de secours mutuels, des caisses d'épargne, des caisses de retraite, des assurances ; avec l'action de la presse et des théâtres ; combiner le tout de telle sorte que le mouvement social tourne, enfin, vers l'amélioration morale, partout en même temps : c'est difficile, mais c'est possible ; et, sur beaucoup de points, la toute-puissance d'une assemblée constituante est nécessaire.

IX

L'Assemblée nationale dispose de tous moyens pour réformer les mœurs : voici quelques exemples :

Un bon système de récompenses, honorifiques ou autres, augmenterait promptement le nombre des braves gens, des bonnes actions, et diminuerait celui des mauvais et des méfaits. Un bon système pénal et pénitentiaire diminuerait partout le nombre des pervers et des crimes : sachons nous servir de l'éperon et du mors que la morale universelle met à notre disposition.

L'ivrognerie ferait moins de victimes, s'il existait un *dépôt* où seraient portés les malheureux surpris en état d'ivresse sur la voie publique ; si leurs noms étaient affichés ; et si, pendant quelques jours, ils étaient nourris seulement d'eau, de pain, de religion et de morale.

Les conférences populaires et les bibliothèques réussiraient en France comme elles ont réussi en Angleterre et ailleurs.

Pourquoi laisser empoisonner la population des campagnes et des villes par de mauvais livres, de mauvais journaux, de mauvais théâtres ?

De bons petits livres, de bons petits journaux, à bas prix, faucheraient l'ignorance morale et politique en même temps.

X

Il nous manque des livres indispensables, aujourd'hui surtout, à cause du suffrage universel :

1° *Un traité de la science du bien public*, à l'usage des gouvernants et des personnages qui aspirent à diriger la chose publique ;

2° Un *Manuel du bon citoyen*, à l'usage des électeurs, et même des mères de famille (V. page 6) ;

3° Un *Catéchisme de morale*, à l'usage de toutes les écoles, dans lequel seraient expliqués tous les devoirs, et surtout les *devoirs envers soi-même, les devoirs envers la patrie ;*

4° Un *Catéchisme de morale*, à l'usage particulier des jeunes filles ;

5° Un *Manuel des pères;*

6° Un *Manuel des mères.*

L'Assemblée nationale peut faire combler ces lacunes promptement, au moyen de *prix d'honneur*, qui auraient, en outre, l'avantage de porter l'attention des écrivains sur la question la plus importante, la plus intéressante de notre époque : la moralisation, et son utilité pour tous.

La Société nationale d'encouragement au bien est entrée dans la voie qu'avait ouverte M. de Montyon : l'Assemblée nationale peut compléter cette idée féconde, sans imposer à l'État de grands sacrifices.

XI

Le nombre des réformes nécessaires pour asseoir en France un *gouvernement stable* est encore si grand, que l'Assemblée actuelle ne pourra y suffire, malgré l'activité de toutes ses commissions d'initiative ou autres : c'est un dédale, et l'esprit de parti s'efforce d'empêcher le bon sens de saisir le fil ou de le suivre. Les interpellations, les amendements, les demandes d'ajournement, les incidents, font perdre beaucoup de temps, et retardent les réformes.

Il faudrait, pour aboutir :

1° *Organiser le Septennat*, pour qu'il puisse mieux accomplir sa difficile mission ;

2° *Donner plus de force au règlement* de l'Assemblée, afin que son président, élevé au-dessus des partis, fasse respecter la souveraineté nationale dans ses représentants ; fasse respecter la dignité nationale *dans tous et par tous les députés* : ils doivent tous, à leurs concitoyens, l'exemple du respect et de l'obéissance aux lois existantes, aux autorités légalement établies ;

3° Faire une *loi électorale* qui appelle au suffrage tout citoyen réputé digne et capable de concourir au choix des législateurs ;

4° Instituer une *grande commission des réformes*, qui étudierait toutes les améliorations nécessaires au bien général, et en ferait le *programme*, indiquant leur ordre d'urgence ;

5° Instituer une *grande commission de censure* (la censure est de toute nécessité dans une république), un *grand conseil des mœurs*.

Quelques mois suffiront pour cela, quand le président de l'Assemblée aura été armé d'un bon règlement.

La prorogation vient de mettre les mandataires en présence des mandants ; et, chaque député, voyant de plus près les besoins véritables de sa circonscription, pourra mieux apprécier tous les grands intérêts nationaux.

Ceux que l'esprit de parti n'a pas entièrement aveuglés, comprendront mieux alors que « la France a besoin de toutes ses forces pour se relever et prospérer » ; comprendront mieux que « l'union fait la force » : ils uniront leur patriotisme au patriotisme de la majorité.

Concordia, res parvæ crescunt ; discordia, maximæ dilabuntur.

Si les Français étaient unis fraternellement, et bien gouvernés, ils seraient inexpugnables.

RÉSUMÉ

Il faut à la France un gouvernement stable : quand elle aura fait cette conquête, elle guérira promptement ses blessures, jouira du plus grand bonheur possible dans l'état où se trouve la civilisation, et contribuera plus que jamais à diminuer ce qui reste de barbarie sur la terre.

Son gouvernement sera stable, quand, approprié aux besoins véritables du pays, à tous ses intérêts, au caractère français, et d'accord avec les traditions nationales, il aura pour base la loi morale; pour but, le bonheur du plus grand nombre; pour moyens, la loyauté, l'humanité, l'union, la concorde et la paix; quand on pourra dire : « C'est le gouvernement des plus intelligents, des plus expérimentés; c'est le gouvernement des meilleurs. »

Ce gouvernement aura son axe dans l'amour, le respect et le dévouement patriotique de tous les bons Français, quelle que soit la forme politique adoptée par la France : il fera toutes les améliorations que la marche du temps et de la civilisation exigeront, et les opérera mieux et plus vite que ne pourrait le faire aucun parti, les protégeant tous les uns contre les autres, et se servant de tous pour bien conduire la chose publique.

Paris, le 29 juillet 1874.

F. MARBEAU, prés. de la SOCIÉTÉ DES CRÈCHES,

Électeur du 9e arr. de Paris,

Auteur des *Études sur l'économie sociale.*

NOTES

Page 5. « ...la grande révolution qui a causé tant et de si grands maux... » Quels progrès a-t-elle apportés, quels progrès ont apportés les révolutions qu'elle a engendrées, que la France n'eût obtenus par voie de réforme, sans troubles ni dommages?

Page 8. « *Mater educatrix...* — Les hommes font les lois ; les femmes font les mœurs. » (Montesquieu.) Un des avantages les plus précieux du christianisme, c'est qu'il révèle tout ce que vaut l'enfant, tout ce que vaut la mère, et qu'il donne un modèle parfait de l'une et de l'autre.

Page 9. « Mais comment guérir les hommes, les femmes, les vieillards, etc. »

Il est écrit : « *Cherchez, vous trouverez...* »

J'ai cherché la cause des causes de nos désastres, et j'ai trouvé : *mauvaise éducation...*

J'ai cherché pourquoi tant de Français ont été mal élevés ; j'ai trouvé que le *corps*, l'*esprit* et le *cœur* de ces malheureux *ont été négligés* à partir de leur naissance, ou depuis.

J'ai cherché les causes de la négligence, et j'ai trouvé : *ignorance des devoirs et des véritables intérêts de chacun.*

J'ai cherché d'où provenait cette funeste ignorance ; j'ai trouvé d'abord la *routine*, et puis le *scepticisme*, le *matérialisme.*

J'ai cherché les moyens d'arrêter les progrès de la dégénérescence physique, intellectuelle et morale d'une si bonne race ; j'ai trouvé : *bonne éducation pour tous ; épuration des mœurs.*

J'ai cherché, enfin, ce qu'il faut à la France pour qu'elle élève mieux ses enfants, qu'elle améliore ses mœurs ; j'ai trouvé : un *bon gouvernement*, un *gouvernement stable.*

Je crois fermement que la patrie de Jacques Cœur, Sully, Richelieu, Colbert, Montesquieu, Turgot, Portalis, Royer-Collard, Villèle, Casimir Périer, et d'autres hommes d'État illustres, n'est pas épuisée : le « génie du bien » fera triompher « l'ordre moral » dans la France très-chrétienne...

« Dieu protége la France », même quand il la punit : Qui aime bien, châtie bien. »

OUVRAGES DE L'AUTEUR :

1824. **Traité des Transactions** (1832, 2e édition). — In-8. 6 fr.

1830. **Réflexions d'un électeur sur la révolution de Juillet 1830.**

1834. **Politique des intérêts**, ou Essai sur les moyens d'améliorer le sort des travailleurs sans nuire aux propriétaires ; de concilier l'ordre avec la liberté, la stabilité avec le progrès, — par un travailleur devenu propriétaire. — In-8. 3 fr.

1844. **Études sur l'économie sociale** (1874, 2e édit.).—In-8. 5 fr.

1845. **Des Crèches** (ouvrage couronné par l'Académie française). 8e édition. 50 c.

1846. **Simples devoirs de la jeunesse**, à l'usage des écoles, des apprentis et des jeunes ouvriers. — In-12. 25 c.

1847, 48, 49. **Mémoires** lus à l'Académie des sciences morales et politiques sur la *surveillance des nourrices*, les *enfants abandonnés*, la *misère*, le *travail*, la *prévoyance*, l'*assistance*, la *répression*, etc.

1847. **Du paupérisme en France**, et des moyens d'y remédier.— In-12. 1 fr. 50.

— Mémoire à la Société d'économie charitable sur le *travail des prisons*.

— Pétition à la Chambre des députés sur les *nourrices*, les *crèches*, les *apprentis*, etc.

1850. **De l'indigence et des secours.** — In-12. 50 c.

1855. **Rapport au Congrès international de charité sur l'***extinction*** de la *mendicité*.

1866. **Manuel de la Crèche.** — In-8. 1 fr.

1868. **Crèche de l'Exposition universelle**, 3e édition. — In-8. 50 c.

1869. **Les Enfants d'ouvriers**, l'éducation populaire et la Crèche. In-8. 25 c.

1869. **Pétition** au Sénat sur la *mortalité des nouveau-nés*.

1845-1871. Discours, Rapports et autres écrits sur les *crèches*, les *enfants d'ouvriers*, l'*éducation populaire*, la *démoralisation*, etc.

1871. **Le Désastre** et ses enseignements. — In-8. 25 c.

1872. **Le Bonheur pour un sou.**

— **Conférences populaires sur le bonheur.**

1873. **Gouvernement de la France moderne** (3e édit.). — 10 c.

2656 — Imp. Jouaust, rue Saint-Honoré, 338.